Nieve

PIZCA DE SAL

1.ª edición: febrero 2024

© Del texto: Ana Alonso, 2024
© De las ilustraciones: Eva Carot, 2024
Ilustradora representada por IMC Agencia Literaria
© De las fotografías e ilustraciones del dosier: 123RF (edhar;
rawpixel); iStock/Getty Images (aerogondo; baytunc; Kozlik_Mozlik;
LightFieldStudios; Natalie_; PCH-Vector; Yelena Khayrullina).
© Grupo Anaya, S. A., 2024
Valentín Beato, 21. 28037 Madrid
www.anayainfantilyjuvenil.es

Diseño de cubierta:
Miguel Ángel Pacheco, Javier Serrano
Patricia Gómez Serrano

ISBN: 978-84-143-3712-7
Depósito legal: M-32828-2023
Impreso en España - *Printed in Spain*

PAPEL DE FIBRA
CERTIFICADA

Ana Alonso

Nieve

Ilustraciones
de Eva Carot

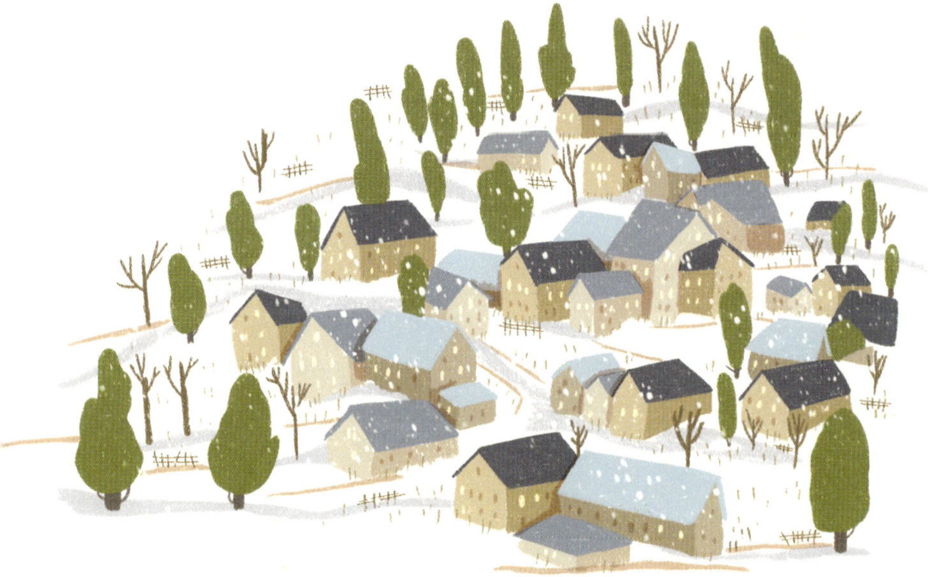

ANAYA

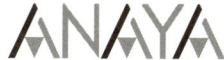

Para Ana Codeseda,
compañera de aventuras educativas
y cómplice entusiasta de este proyecto teatral.
Su experiencia en el mundo del teatro
y sus generosos consejos me han resultado
de gran ayuda a la hora de escribir este libro.

ÍNDICE

PERSONAJES 7

PUESTA EN ESCENA 10

ACTO I

ESCENA 1 13

ESCENA 2 21

ESCENA 3 25

ESCENA 4 30

ESCENA 5 36

ACTO II

ESCENA 1 42

ESCENA 2 47

ESCENA 3 53

ESCENA 4 59

ACTO III

ESCENA 1 63

ESCENA 2 65

ESCENA 3 68

ESCENA 4 71

ESCENA 5 75

ESCENA 6 78

TEXTOS DEL CORO DE LA NIEVE 84

Personajes

Locales

Estela
Hija de la alcaldesa de Valdeteja. Apasionada, con temperamento de líder, interesada en el arte.

Fabián
Dinámico y enérgico, optimista. Desea prosperidad para su pueblo, tiene ambiciones.

Diego
Retraído, con un gran amor a la tierra y un profundo conocimiento de las leyendas del valle en que vive, que aprendió de su abuela.

Lía
Muy callada, cautelosa y observadora, tiene dotes de ingeniera. En silencio, siempre está pensando una solución práctica a los problemas con los que se enfrenta.

Excursionistas

Breixo
Líder del grupo de excursionistas que se aventura en la montaña en las vacaciones de Navidad para conseguir fotografiar osos pardos (o sus huellas). Estudiante de Biología en la

Universidad, él y su grupo tienen el objetivo de paralizar las obras de una estación de esquí en el valle que hay más arriba de Valdeteja y la carretera nueva por los destrozos ambientales que generaría.

ANDRÉS

Activista, culto, con una gran presencia en las redes, es un conocido *tiktoker* y últimamente utiliza directos para movilizar a la gente. Un poco pendenciero, impaciente, urbanita.

PAULA

Convencida de la importancia de su causa, pero muy ingenua y excesivamente optimista en cuanto a su capacidad para cambiar las cosas. Abierta, ágil y rápida, siempre parece estar bailando al ritmo de su propia música.

CLARA

Espiritual, siente una conexión profunda con la naturaleza. Tiene capacidad para conectar con realidades que no se ven a simple vista, o al menos ella lo cree así.

OTROS PERSONAJES

CECILIA

Fantasma de una joven inestable, solitaria, pintora aficionada. A principios del siglo XX, durante la *belle époque,* fue internada por su familia burguesa en la institución de salud mental del balneario después de huir de un matrimonio de conveniencia el día mismo de la boda. Estuvo enamorada de su psiquiatra, el doctor Olmos, que la traicionó.

CONDESA

También es un fantasma. Se trata de una joven de la Edad Media que también escapó de un matrimonio impuesto huyendo a las montañas, donde, según las leyendas locales, fue adoptada y protegida por los osos. Aparece en el tercer acto integrada en el coro de la nieve, aunque vestida de otra manera.

CORO DE LA NIEVE

Este personaje coral estará presente en toda la obra, con mayor protagonismo en el último acto. Puede estar integrado por tantos actores y actrices como se quiera. Estos podrán formar parte de la escenografía en el acto tres, apareciendo vestidos de negro y con las caras y los brazos blancos y de la forma que se considere oportuna.

Puesta en escena

Esta obra ha sido escrita pensando en las necesidades y exigencias de una representación en el ámbito escolar. La idea es que se pueda adaptar a un número variable de actores y actrices, jugando con el número de personas que integran el coro.

Aquí se ofrecen algunas pautas que se pueden aplicar para su puesta en escena:

1. No hay ningún problema en que un personaje femenino sea interpretado por un chico o viceversa, pero, si se prefiere, se puede cambiar el nombre y el género de los personajes para adaptarlo a las características de nuestro reparto. Esto no afectará al sentido de la obra.

2. Podemos integrar en el coro a tantas personas como queramos. También podemos adaptar el protagonismo del coro a nuestras necesidades. El coro representa la nieve, y lo puede hacer a través de sonidos, movimientos o incluso textos improvisados. Al final del libro se incluyen una serie de textos para el coro que pueden servir de inspiración. Tenemos además la opción de convertir al coro en un elemento ecenográfico que señale los cambios de lugar en la obra.

3. Esta obra se puede representar con un decorado mini-
   malista, pero también podemos recrearnos en la confec-
   ción de decorados si eso nos divierte. Para escenas com-
   plicadas, como las que exigen juegos de luces y sombras
   sobre los relieves, podemos simplificar simbolizando los
   relieves con grandes letras que se irán mostrando en carteles a medida que lo exija la acción.

ACTO I
ESCENA 1

Interior del balneario en ruinas. Muebles elegantes pero deteriorados, restos de decoración de principios del siglo XX. Hay una ventana con cristales sucios y otra con los cristales rotos. A través de la ventana rota entra la voz del Coro de la Nieve, *que será un personaje coral presente a lo largo de toda la obra. Para los textos que puede susurrar, gritar o recitar la nieve, ver apéndice.*

En este acto, el Coro de la Nieve *no estará en escena, pero se oirán sus voces.*

La puerta principal se abre y los sonidos del Coro de la Nieve *se intensifican. Entran en tromba ocho jóvenes cansados, cubiertos de nieve y entumecidos de frío: el grupo de los excursionistas y el de los locales. Se palpa la rivalidad entre ellos.*

Lía corre a atrancar las contraventanas sobre la ventana rota. Los sonidos de la nieve se extinguen.

ESTELA:	Aquí por lo menos no nos congelaremos.
DIEGO:	Esto no es buena idea, Estela...
ESTELA:	¿Por qué no?
DIEGO:	Si tú no lo sabes...
ESTELA:	Por favor. No te creerás esas historias. Además, ¿qué quieres que hagamos? Al pueblo no podemos volver. Echa la culpa a estos.

BREIXO:	Oye, para. Nosotros no os hemos pedido nada, ¿vale? Y no somos novatos en la montaña, no teníais por qué preocuparos tanto.
FABIÁN:	Claro. Por eso habéis subido a Oniria en plena tormenta de nieve. Hay que ser pardillos...
PAULA:	La *app* del iPhone no daba ni un veinte por ciento de riesgo de nieve.
FABIÁN:	*(Riéndose)*. ¿Y tú te fías de eso? Vaya montañera.
CLARA:	*(Enfadada)*. Oye, ya está bien. Paula no tiene la culpa. Lleváis contra nosotros desde que llegamos a vuestro pueblo, ¿cómo se llama? Valde... lo que sea.
LÍA:	*(Pacífica)*. Se llama Valdeteja.
CLARA:	Valdeteja. Gracias. En serio, de verdad, ¿qué os hemos hecho? La montaña no es vuestra, es de todos. Y si alguien quiere protegerla, somos nosotros. ¡Mucho más que vosotros!
FABIÁN:	Hay que tener cara. Y encima seguro que te crees lo que estás diciendo. Claro, la montaña es vuestra porque la queréis proteger. ¿Protegerla de quién, de nosotros, de la gente de aquí? ¿Y cómo vais a proteger nada, si ni siquiera sabéis distinguir un cielo de nieve y os ponéis en peligro a lo tonto?
ANDRÉS:	*(Agresivo)*. Pues sí, ya que lo preguntas, sí, chaval, queremos protegerla precisamente de vosotros, de la gente de aquí. ¿O crees que no sabemos lo que estáis haciendo? Todos los del pueblo sois cómplices por haber

votado a esa... Vendida. Queréis vuestra pista de esquí. Queréis vuestra puta carretera que arrase con uno de los últimos hayedos de esta zona y sus especies endémicas. Por no hablar del efecto sobre los osos... Cuarenta años de esfuerzos para que la población de oso pardo se recupere, cuarenta años de zoólogos dejándose la piel para rastrearlos, para asegurarse de que no molesten a la osa en la época de cría... Y ahora, ¡venga! Nos lo cargamos todo de un plumazo y nos hacemos ricos.

ESTELA: No sabes de lo que hablas. Y, para tu información, esa alcaldesa que según tú es Daeneris de la Tormenta es mi madre. Así que córtate.

LÍA: Deberíamos calmarnos todos y pensar qué vamos a hacer. Esto puede durar días.

ANDRÉS: ¿Días aquí metidos? Yo ni de coña me voy a quedar aquí. Sois unos exagerados, si yo creo que ya está parando...

Abre la puerta y se asoma. El rugido de la nieve le abofetea la cara. Cierra y mira a los otros, aturdido.

BREIXO: Lía tiene razón. Te llamas Lía, ¿verdad?

LÍA: Sí. Bueno, Rosalía. Pero mejor Lía.

BREIXO: Genial, Lía. Eso, tienes razón. Vamos a tranquilizarnos y pensar qué hacemos.

| ESTELA: | Ya. Ni siquiera nos habéis dado las gracias por ir a buscaros. A ver dónde estaríais ahora si no salimos a por vosotros. Subir a Oniria con este tiempo... Hay que estar mal de la cabeza. |
| BREIXO: | Lo que tú digas. No voy a discutir. ¿Quieres que os demos las gracias? Gracias. Nos habéis salvado la vida. Y ahora, por favor, ¿podemos dejar de comportarnos como críos y ser un poco estratégicos? |

Mientras habla, LÍA ha encontrado unas velas en un cajón. Pone una en una palmatoria, la enciende. Durante el siguiente diálogo continúa buscando velas y encendiéndolas.

FABIÁN:	Bueno, es que no hay mucha estrategia que usar aquí. Está nevando, la estrategia es... Esperar a que deje de nevar. ¿Qué más quieres hacer?
DIEGO:	Aquí no podemos esperar, Fabián. No es un buen sitio. Estela, tenemos que irnos.
PAULA:	¿Por qué dices eso? ¿Se puede caer o algo?
CLARA:	A mí no me parece que se vaya a caer. Es un sitio... impresionante.

Se quedan todos en silencio observando las elegantes ruinas del balneario de la belle époque. *Se oyen en el silencio los ecos de un pico lejano contra la roca. Para y luego reanuda los golpes.*

CLARA:	¿Habéis oído eso? Viene como... de abajo. De las profundidades de la tierra.
DIEGO:	Os lo he dicho. Es mejor no jugar con lo que hay aquí. Podemos intentar llegar hasta la antigua vaquería, allí estaremos mejor.
ESTELA:	No digas tonterías, Diego. La cosa está muy mal ahí fuera. Nos quedamos. Ojalá tuviésemos comida...
PAULA:	Nosotros tenemos. Podemos compartirla.
FABIÁN:	Pues por mí bien, porque me muero de hambre.
BREIXO:	Sí, la compartimos, pero habrá que racionarla. Tampoco tenemos tanta...
ANDRÉS:	*(Nervioso).* Eh, aquí no hay cobertura. ¿Alguien tiene cobertura? Yo cero.

Todos consultan sus móviles.

BREIXO:	Yo nada tampoco.
ESTELA:	No hay cobertura en ningún sitio por aquí.
FABIÁN:	Lo más cerca es en el cruce de la cuesta de la Peña, está como medio kilómetro más abajo por la carretera antigua.
ANDRÉS:	Pues yo aquí no me puedo quedar sin cobertura. Tengo un directo esta tarde a las seis. Necesito bajar al pueblo como sea.
PAULA:	Son las tres. A lo mejor para las seis ya estamos abajo, en Valde... ¿Cómo era?
ESTELA:	Valdeteja. En serio, ¿es tan difícil?

DIEGO:	No vamos a estar en el pueblo a las seis. Este valle es muy cerrado, a las cuatro y media se hace de noche. Y no va a dejar de nevar antes.
PAULA:	¿Quieres decir que vamos a tener que pasar la noche aquí?
LÍA:	Hay una chimenea. Y mucha madera en estos muebles medio podridos que podemos aprovechar. Si queréis, intentamos hacer fuego.
FABIÁN:	Pero la chimenea estará atascada, después de tantos años...
LÍA:	No creo. Mira. Estas cenizas no son de hace cien años. Alguien ha estado aquí hace mucho. Se puede utilizar.
ESTELA:	*(Mirando a BREIXO). ¿Lo* intentamos?
BREIXO:	Por mí, vale. Chicos, sacad todas las provisiones de las mochilas. Vamos a repartir.

Todos se ponen a trabajar. Unos ayudan a repartir la comida, otros a cortar leña y a hacer fuego. ANDRÉS se asoma una vez más a la puerta, aturdido, ausente. Se oye por un momento el rugido del CORO DE LA NIEVE, hasta que cierra. DIEGO permanece taciturno sentado en la escalera. CLARA se le acerca y se sienta a su lado.

CLARA:	Te llamas Diego, ¿verdad? *(Cuando DIEGO asiente, se presenta).* Soy Clara. Entiendo que no quieras quedarte. Yo también los siento.

DIEGO:	*(Meneando la cabeza).* Es mejor no hablar de estas cosas.
CLARA:	¿Tú los sientes?
DIEGO:	*(Encogiéndose de hombros).* Yo qué sé. Sé que están ahí. Mi abuela trabajó de guardesa aquí antes de que abandonasen esto del todo. Es una mujer de pueblo, no ha leído novelas, no ha visto películas. Lo que cuenta, no se lo ha imaginado. Te lo digo yo.
CLARA:	¿Y qué cuenta?
DIEGO:	*(Menea de nuevo la cabeza).* Mejor que no lo sepas. No te gustaría.
CLARA:	Yo no les tengo miedo. Son presencias que sufren, pero detrás de eso hay algo muy... no sé, muy humano. Alguna vez fueron como tú y como yo.
DIEGO:	No quiero pensar en eso *(Se levanta).* ¿Os echo una mano por ahí?

DIEGO se une al resto y se los ve a contraluz haciendo los preparativos para la cena mientras la luz que se filtra por la ventana con cristales se va volviendo cada vez más nocturna, y CLARA permanece a la escucha, sentada en la escalera.

ACTO I
ESCENA 2

Interior del balneario, los mismos personajes, noche. Las velas se han apagado, solo el fuego de la chimenea ilumina débilmente la estancia. Todos duermen en sacos de dormir, en los desvencijados sofás, si los hay... Solo ANDRÉS *mira fijamente a través de los cristales de la ventana. Ha dejado de nevar.*

En lo alto de la escalera (o en otro lugar del escenario) resuena una risa contenida de mujer joven. Nadie reacciona, salvo CLARA, *que se remueve inquieta.* ANDRÉS *no parece oírla. Va hacia la puerta, abre una rendija, la canción de la nieve llega lejana, apenas audible. Vuelve a cerrar y va hacia su mochila. Con mucho cuidado para no hacer ruido, recoge sus cosas.*

De nuevo suena la risa contenida. CLARA *se incorpora sobresaltada. Mira hacia lo alto de las escaleras y ve el fantasma de Cecilia (puede verlo también el espectador, pero no es imprescindible). Como hechizada, camina hacia el fantasma. Cecilia empieza a susurrar.*

CECILIA:	Shhhh. No hagas ruido.
CLARA:	¿Quién eres?
CECILIA:	*(Riendo de nuevo).* No te lo pienso decir. *(De repente, con miedo).* Él se enfadaría.
CLARA:	¿Quién?

Se oye un quejido ahogado, un correteo precipitado por las escaleras. Cecilia desaparece. Durante el diálogo, ANDRÉS, sobresaltado, se ha acercado por detrás a CLARA. Cuando esta se da la vuelta, los dos ahogan un grito.
Hablan a la vez, en voz baja.

ANDRÉS: Clara, ¿te pasa algo?

CLARA: Me has asustado. ¿Qué haces?

ANDRÉS: No es cosa tuya, ¿vale? Tú pasa. Como si no me hubieras visto.

CLARA: ¿De qué vas? Eres tú el que estaba justo detrás de mí...

ANDRÉS: Porque me estabas hablando. ¿Qué quieres, que se despierten todos?

CLARA: ¿Que te estaba hablando? *(Se ríe incrédula).* No estaba hablando contigo.

ANDRÉS: ¿Entonces con quién hablabas?

CLARA: ¿No la has visto?

ANDRÉS: ¿A quién?

CLARA: ¿No has oído nada?

ANDRÉS: Te he oído a ti.

BREIXO se remueve en su saco de dormir. ANDRÉS mira hacia él preocupado.

ANDRÉS: Se van a despertar. Mira, yo me largo. Ahora no está nevando. Tengo que conectarme. Salgo y si veo que no puedo llegar al pueblo, vuelvo, pero me tengo que conectar a Twitch.

CLARA:	Estás loco, Andrés. No puedes irte en medio de la noche. Va a volver a nevar...
ANDRÉS:	¿Yo estoy loco? Vale, tía, lo que tú quieras. Necesitamos avisar, que sepan que estamos aquí y que vengan a buscarnos. No digas nada, ¿vale?
CLARA:	Pero, Andrés...

Haciendo como que no la oye, ANDRÉS se carga con sigilo la mochila a la espalda y abre la puerta exterior. El sonido del CORO DE LA NIEVE llega con más fuerza esta vez. Vacila un momento, pero sale. Cierra la puerta tras él.

ACTO I
ESCENA 3

Los mismos personajes, menos ANDRÉS. CLARA *se acerca con miedo a la puerta. Abre una rendija. El sonido del* CORO DE LA NIEVE *es ensordecedor. Se apresura a cerrar, asustada.*
Aparece de nuevo CECILIA, *o la luz que la representa. Habla suave desde lo alto de las escaleras.*

CECILIA: Qué chiquillo. Va a morir.

CLARA: ¿Qué dices? ¿Por qué dices eso?

CECILIA: Porque lo sé. Si se pierde en la montaña, morirá.

CLARA: *(Alterada, sube la voz sin querer).* No es un crío. Tiene experiencia en la montaña. No le va a pasar nada.

CECILIA: Yo también tenía experiencia.

CLARA: Calla. ¿Qué quieres? ¿Quién eres?

Algunos de los que duermen se remueven por el ruido. BREIXO *se despierta, mira a su alrededor, ve a* CLARA.

BREIXO: Clara... ¿Qué pasa?

CLARA *mira dudosa hacia el fantasma de* CECILIA, *que se retira en silencio ignorándola. Después, se vuelve lentamente hacia* BREIXO. *Está muy alterada. Tiembla.*

BREIXO:	*(Alarmado)*. Clara, ¿estás bien?

BREIXO va hacia CLARA, la abraza para tranquilizarla.

CLARA:	Es que todo esto es...
BREIXO:	Sí, ya, ya lo sé. Pero estamos seguros. Mañana lo veremos todo distinto.

Los otros se van despertando por las voces.

CLARA:	Oye... Andrés se ha largado. Se ha ido a buscar cobertura. En ese momento no nevaba mucho...
BREIXO:	*(Muy alarmado)*. ¿Qué dices?

ESTELA, bostezando, se acerca.

ESTELA:	¿Qué os pasa? ¿No podéis dormir?
BREIXO:	Nuestro compañero Andrés ha salido. Dice Clara que ha ido a buscar cobertura.

ESTELA se encara con CLARA.

ESTELA:	¿Y le has dejado? ¿Estás loca?
CLARA:	Oye, ¿y qué iba a hacer yo? No soy su madre.
FABIÁN:	*(Acercándose)*. ¿Qué pasa?
ESTELA:	Ese tío, Andrés. Se ha largado.
FABIÁN:	¿Es idiota? No lo va a contar.
DIEGO:	¿Cuánto tiempo hace que se ha ido?

CLARA: Yo qué sé... ¡Nada! Cinco minutos.

Mientras hablan, BREIXO se pone las botas muy decidido. Todos lo miran. BREIXO levanta la cabeza y mira a ESTELA.

BREIXO: Voy a buscarlo. No ha podido llegar muy lejos.
CLARA: Breixo, no... Te vas a perder tú también.
ESTELA: Voy contigo.
FABIÁN: Yo también voy.
DIEGO: Y yo.

Se acercan las otras chicas.

PAULA: ¿Qué pasa?
ESTELA: No, no vamos a ir todos. Diego, tú quédate. Fabián y yo vamos con Breixo. Lo encontraremos.

FABIÁN y ESTELA se preparan para salir. Los otros pueden hablar entre ellos, preguntarse unos a otros.

LÍA: ¿Puedo ir yo también?
ESTELA: No, mejor quédate. Si algo sale mal, más vale que estés por aquí. Tú sabrás qué hacer.
PAULA: Pero no va a salir mal...
BREIXO: Claro que no. Venga, cuanto antes salgamos, antes lo encontraremos.

Abren la puerta. El rugido del CORO DE LA NIEVE esta vez es amenazador. Está hecho de llamadas, versos, ecos, susurros.

BREIXO duda un instante en la puerta. ESTELA se le adelanta y sale. BREIXO va tras ella, y detrás, FABIÁN. Los otros se quedan mirando desde la puerta.

PAULA: ¡Suerte!

Todos se quedan un rato mirando mientras la nieve sigue desgranando su perturbadora canción.

ACTO I
ESCENA 4

Interior del balneario, de noche. Clara, Diego, Paula y Lía. Acaban de cerrar la puerta tras la salida de los compañeros. Paula regresa a su saco de dormir y se pone los cascos para aislarse. Lía abre la ventana y limpia la nieve de los cristales. Se oye el rugido del Coro de la Nieve. Vuelve a cerrar, enciende una vela y se queda sentada observando a través de los cristales.
Clara y Diego en primer plano.

DIEGO:　　　No sé si intentar volver a dormir. ¿Tú qué vas a hacer?

Aparece otra vez el fantasma de Cecilia en lo alto de la escalera. Clara la mira entre fascinada y aterrorizada.

CLARA:　　　Calla. Mira. Está ahí. ¿La ves?

Diego mira hacia lo alto de la escalera y retrocede un paso, estremeciéndose. Desde su sitio junto a la ventana, Lía también mira hacia el fantasma de Cecilia, pero permanece tranquila. Paula no se entera de nada.

CLARA:　　　¿Qué quieres? ¿Cómo te podemos ayudar?

CECILIA:	¿A mí? Nadie puede ayudarme. *(Menea la cabeza con escepticismo).* Hace tiempo, solían llamarme Cecilia. Y estaba enferma. Tenía muchos problemas. Por eso me internaron aquí. Yo solo quería estar tranquila. Era lo único que quería. Y él... me ayudó a conseguirlo. Tranquila para siempre. *(Prorrumpe en una carcajada).*
CLARA:	¿Quién es él?
CECILIA:	Shhh. El doctor Olmos. Pero no debe enterarse de que os lo he dicho.
DIEGO:	¿También está aquí el médico ese?
CECILIA:	Está en el pasadizo. Es su condena. Por lo que me hizo a mí. Y por lo que quería hacer. Yo lo maté, fue mi venganza. Porque él me mató a mí.
DIEGO:	No me entero de nada. ¿Quién mató a quién primero? ¿O es que os matasteis a la vez?
CECILIA:	*(Furiosa).* Me traicionó. Le hablé de la cripta. La encontré en una de mis escapadas del balneario, no era fácil. Fue por casualidad. Tropecé con unas ramas, me caí en una especie de pozo, y al intentar salir, di con la entrada. No sabéis lo que hay allí. Es una maravilla. Un tesoro del arte medieval.
DIEGO:	Qué curioso. Mi abuela contaba una leyenda de una ermita secreta con unas tumbas aquí cerca de Oniria, pero según ella se había caído hace tiempo.

CECILIA: No es una ermita, es una cripta. Y sigue ahí. Se lo dije a Carlos... Al doctor Olmos. En secreto. Era un hombre refinado, pensé que apreciaría lo que había encontrado. Y sí. Vaya si lo apreció. Pero no por los motivos que yo suponía.

CLARA: ¿Qué te hizo ese hombre, Cecilia?

CECILIA: Me dijo que me lo había imaginado. Que mi mente no funcionaba bien. Pero luego, después de varias semanas, me di cuenta de lo que estaba haciendo. Casi todos los pacientes se habían ido, se acercaba el invierno. Solo quedábamos los peores. Los locos. *(Ríe de nuevo).* Carlos pensó que nadie se daría cuenta. Empezó a excavar un pasadizo para

llegar a la cripta. Al principio no lo entendí. ¿Para qué un pasadizo? ¿Por qué no contaba a todo el mundo lo que había encontrado? La gloria se la llevaría él...

CLARA: ¿Por qué no lo hizo?

CECILIA: No quería compartir aquel tesoro. Quería... Convertirlo en dinero. Estaba en tratos con un traficante de Norteamérica. Descubrí una carta donde se lo explicaba todo. Estaba en inglés, pero yo tuve una *nanny* inglesa. Él eso ni se lo imaginaba. Le dije que no podía hacerlo, que era un delito... Me respondió como siempre. Que no estaba haciendo nada. Que todo eran imaginaciones mías.

DIEGO: Y entonces lo mataste.

CECILIA:	No. Me mató él a mí. Poco a poco. Subiendo cada día la dosis de láudano. Y una noche... La dosis letal. Ya no me desperté.
CLARA:	Es horrible.
DIEGO:	¿Y nadie se dio cuenta de que era un asesinato?
CECILIA:	Nadie investigó demasiado. ¿Para qué? Al final, con mi muerte, todos se quitaron un peso de encima. Los que más, mis padres. No sabían qué hacer conmigo. Le escupí en la cara a mi prometido el día de la boda, delante del cura y de todos los invitados... ¡Yo, la hija de un banquero! *(Suelta una carcajada espeluznante).* Era una deshonra viviente. Todos se alegraron de que muriera.
CLARA:	Seguro que no es verdad, Cecilia. Alguien en el mundo te echaría de menos. Alguien te querría...
CECILIA:	Yo pensaba que él me quería. Carlos. El doctor. Fui una tonta. Pero me tomé la revancha. Dejé que terminase su estúpido pasadizo. Y la primera vez que lo usó... Volvía de la cripta cargando con el capitel de una columna. Y allí estaba yo, en su camino. En mitad del pasadizo. Le dije que no pasaría. Y no pasó. Le dio un ataque al corazón. Allí se quedó pudriéndose, en el agujero que había excavado... Se tomó tantas precauciones para hacerlo en secreto que nadie lo encontró jamás.

DIEGO: Vaya historia. Y ese pasadizo... ¿Dónde está?

CLARA: ¿Quieres que lo encontremos, Cecilia? ¿Es eso lo que tenemos que hacer para ayudarte?

CECILIA: No sé si me acordaré. La torre estaba en el fuego...

CLARA: ¿La torre de la iglesia que encontraste?

CECILIA: No... La torre negra. ¿No sabéis jugar al ajedrez? Carlos y yo jugábamos casi todas las noches. Él siempre me ganaba. Bueno, no siempre. A veces lograba sorprenderle. Yo no había estudiado el juego como él, pero tenía intuición.

DIEGO: ¿Y eso qué tiene que ver con el pasadizo?

CECILIA: Intento acordarme de la última jugada. ¿Cómo era? Caballo a D4...

El rugido del Coro de la Nieve ahoga las palabras de Cecilia. La puerta de la casa acaba de abrirse. Entra Andrés luchando con el viento. Unos segundos después, entran Breixo y Fabián sujetando entre los dos a Estela, que apenas puede mantenerse en pie. En el mismo momento, Cecilia desaparece.

ACTO I
ESCENA 5

Los anteriores más FABIÁN, BREIXO, ESTELA, ANDRÉS.
CLARA y DIEGO van hacia los recién llegados, que dejan a ESTELA con cuidado en un sillón. Tiene el pantalón roto y ensangrentado.

DIEGO:	¡Estela! ¿Qué ha pasado?
ESTELA:	No sé. Me caí...
BREIXO:	¿Alguien tiene algo en la mochila para desinfectar? Tiene muy mala pinta.
CLARA:	¿Te has roto algo?
ESTELA:	No sé. Me duele mucho.
FABIÁN:	*(Encarándose con ANDRÉS).* Todo por tu culpa. El *influencer* no podía esperar a mañana, no, tenía que salir a la una de la madrugada en medio de una tormenta de nieve para ir a tranquilizar a sus seguidores. ¿Cuántos tienes, eh? ¿Quince? ¿Veinte? Seguro que no podían dormir de la preocupación.
ANDRÉS:	Cállate. Yo no os pedí que vinieseis a buscarme.
FABIÁN:	¿Que me calle? Tú a mí no me mandas callar. Qué pasa, ¿eh?

Se retan con los gestos hasta que se enzarzan en una pelea.
BREIXO y CLARA los separan. PAULA se despierta por fin y con-
templa la escena aturdida. LÍA, mientras tanto, no deja de
examinar la pared de la chimenea con absoluta concentración.

BREIXO: Ya está bien. No seáis críos. Bastantes pro-
               blemas tenemos ya.

PAULA se acerca a ESTELA, se arrodilla junto a ella.

PAULA: ¿Me dejas ver la herida? He hecho un curso
               de primeros auxilios hace poco...
DIEGO: Ten cuidado, no vayas a ponerlo peor.
PAULA: Solo quiero verlo. Si te hago daño, dilo...

PAULA rasga un poco más el pantalón de ESTELA para ver me-
jor la herida.

ESTELA: ¡Ay! Duele...
BREIXO: Tenía una esquirla de roca clavada. Se la sa-
               qué. Pensé que era lo mejor...
PAULA: Tiene mala pinta. Es muy profunda. Ten-
               drían que darte puntos. De momento puedo
               hacerte un torniquete para que no pierdas
               más sangre. Necesito trapos limpios, un pa-
               ñuelo, algo...

BREIXO se quita la bufanda que lleva al cuello y se la tiende a
PAULA.

BREIXO: ¿Esto sirve?
PAULA: Sí, puede servir.

PAULA hace el torniquete mientras BREIXO y DIEGO miran y ANDRÉS pasea de un lado a otro nervioso y se tapa la cara con las manos.
Mientras, LÍA sigue palpando la pared de la chimenea. En un momento durante el siguiente diálogo, encuentra una piedra floja, forcejea hasta que consigue sacarla de su sitio.

ANDRÉS: Cuando salí había dejado de nevar. No sabía que iba a empezar otra vez. De todas formas, habría podido volver solo...
CLARA: Cállate, Andrés. Déjalo ya.

PAULA termina de hacer el torniquete.

PAULA: De momento aguantará, pero tiene muy mala pinta. Tenemos que bajar a un hospital.
DIEGO: Ahora no podemos. La tormenta va a peor.

Se oyen crujidos arriba. Los susurros de la nieve entran por una nueva rendija.

PAULA: ¿Qué ha sido eso?

DIEGO y CLARA se miran.

CLARA: Debe de ser ella.

DIEGO:	Seguro.
ESTELA:	¿Ella? ¿Quién?
DIEGO:	Qué más da. Tú no quieres que hable de eso, y ahora tenemos otras cosas más urgentes...

Nuevos crujidos. El sonido de la nieve empeora.

BREIXO:	Suena como si se estuviera rompiendo el tejado...
CLARA:	No. Es el fantasma. La fantasma. Se llama Cecilia. Como hemos dejado de hacerle caso...
FABIÁN:	Pero ¿qué estás diciendo?
ANDRÉS:	Ha perdido la cabeza. Así vamos a terminar todos.
DIEGO:	No. Dice la verdad. Yo también la he visto. Y la he oído. Y tú también, Lía, no hagas como que no te enteras. Díselo, ¿a que sí?

Antes de que Lía pueda contestar, un terrible estruendo señala el hundimiento de una parte del tejado. El suelo se rompe en una zona, y cae nieve por el agujero. El aullido del Coro de la Nieve se vuelve estremecedor. Por suerte, nadie resulta herido.

BREIXO:	Eso no lo ha hecho un fantasma. Es el peso de la nieve. Ha hundido el tejado.
FABIÁN:	¿Y ahora qué hacemos? No podemos quedarnos aquí.
PAULA:	¿Y adónde vamos a ir? Estamos atrapados...

LÍA: No. No lo estamos.

Todos se vuelven a mirarla. LÍA *señala la entrada del pasadizo que ha descubierto en la pared.*

LÍA: Lo que dijo el fantasma era verdad. Caballo
                a D4. Las piedras de la pared como un table-
                ro de ajedrez. Y esta es la entrada del pasa-
                dizo. O la salida.
FABIÁN: Lía, ¿qué dices? Tú no crees en esas cosas.
                ¿De qué estás hablando?

Un nuevo estruendo. Se derrumba otra parte del techo.

LÍA: Déjate de preguntas. Poneos las pilas todos. El pasadizo es ancho. Yo me arriesgaría. Encended las velas, o los móviles si tenéis batería. Coged las mochilas. Solo lo que podamos llevar sin que sea un estorbo cuando tengamos que reptar o agacharnos.

BREIXO: Estela, ¿puedes? ¿Te ayudo?

Breixo ayuda a Estela a ponerse en pie. Entre él y Fabián la sostienen hasta la entrada del pasadizo. Los demás encienden velas, cogen las mochilas, se van adentrando uno a uno en la boca del túnel. Antes de que Estela, Breixo y Fabián entren, se produce un nuevo derrumbamiento. Fabián grita. Estela se tapa la cara. Se meten a toda prisa en el pasadizo. En medio del fragor de la nieve, se ilumina por un momento el fantasma de Cecilia, que sonríe y luego vuelve a desaparecer en la oscuridad.

FIN DEL ACTO I

ACTO II

ESCENA 1

Cripta románica levemente iluminada por la luz del amanecer que se filtra por una grieta en la bóveda. Entran Estela, Breixo, Paula, Fabián, Clara, Diego, Lía, Andrés. Algunos llevan velas encendidas; otros, la linterna del móvil. Estela recibe ayuda de Breixo para caminar.

ESTELA: No puedo creerlo.

CLARA: ¡Era verdad!

ANDRÉS: Parece que sí. Tu fantasma tenía razón.

CLARA: No era «mi fantasma». Si tú no la viste, es tu problema.

ANDRÉS: No la vi porque los fantasmas no existen, nena.

CLARA: ¿Me has llamado «nena»? Sabes que eso es sexista y *patronizing*, ¿verdad?

ANDRÉS: No sé qué es «patronaisin». No fui a un colegio bilingüe como tú.

CLARA: No desvíes el tema de la conversación. Si el fantasma no existe, ¿cómo es que tenía razón y hemos llegado aquí? Tú mismo te contradices.

PAULA: Y además, hemos visto el esqueleto del médico en el pasadizo. Solo de acordarme... Se me ponen los pelos de punta.

DIEGO:	Por lo menos ese no se nos ha aparecido... De momento.
PAULA:	¿De momento? Oye, no me asustes...
BREIXO:	Dejaos de fantasmas y vamos a pensar qué hacemos ahora. Este sitio es... increíble.

Mientras hablan, ESTELA ha encendido la linterna de su móvil y está enfocando cada detalle de las maravillosas esculturas y relieves de la cripta, que tiene varios sepulcros de piedra.

FABIÁN:	Estela, vas a acabar en dos segundos con la batería del móvil...
ESTELA:	Me da igual. ¿Estáis viendo esto? Es una joya. No creo que haya muchos conjuntos románicos tan bien conservados. Y además, una cripta. Es único. Fijaos en ese demonio. Si hasta tiene restos de policromía...
ANDRÉS:	Es como rojizo, ¿no?
ESTELA:	Sí. Y ese ángel... ¿Lo veis? En ese capitel. Con la mujer arrodillada... ¡Representa la anunciación!
PAULA:	¿La anunciación de qué?
ANDRÉS:	Del nacimiento de Jesús. ¿Te suena una cosa que se llama Navidad? Fue justo hace tres días. Pues eso es lo que está anunciando el ángel. ¿Cómo puedes no saber eso?
PAULA:	¿Por qué voy a saberlo? Nunca he ido a Religión. Y además soy de ciencias.
CLARA:	No veo la relación entre las dos cosas.

43

BREIXO:	Seas de lo que seas, esto es una maravilla. Es impresionante.
ESTELA:	Claro. Se llama «arte». Es un lenguaje universal.
PAULA:	Oye, no te piques conmigo, que yo no te he hecho nada...

*E*STELA *se sienta en un pedestal vacío con un gesto de dolor.*

ESTELA:	No me pico. Es que me duele muchísimo. No sé cuánto voy a poder aguantar.
BREIXO:	Tenemos que mirar a ver si desde aquí es más fácil bajar a vuestro pueblo. Ahora no se oye la nieve.
FABIÁN:	Voto por investigar cómo se sale de aquí.
LÍA:	Estamos más abajo en la montaña, y hacia el sur. Nos hemos alejado de la carretera de Valdeteja, pero, en teoría, aquí debería haber menos nieve.
CLARA:	¿Cómo sabes todo eso?
FABIÁN:	Lía siempre sabe esas cosas. Todo el tiempo que está callada lo usa para mirar y pensar.
LÍA:	No sé si lo dices para burlarte de mí...
FABIÁN:	¿Para burlarme? Si lo digo con admiración...
LÍA:	*(Un poco azorada).* Bueno, sí, me gusta observar, ¿y qué? No creo que le haga daño a nadie.
FABIÁN:	Al contrario. Has encontrado la entrada del pasadizo.

LÍA:	Sí. Y ahora, pienso lo que tú. Hay que buscar la salida. Por ahí entra luz, podemos intentarlo.
FABIÁN:	Pues vamos.

Los dos se dirigen hacia la luz. Se oye ruido, como si apartasen piedra, tierra. Quedan fuera del escenario.

FABIÁN:	*(No se le ve, pero se oye su voz).* Hay una escalera.
ANDRÉS:	¿Se puede subir?
FABIÁN:	Yo creo que sí.
CLARA:	Voy con vosotros.

CLARA sale por donde han ido los otros dos. PAULA, tras un momento de duda, va tras ellos.

PAULA:	Esperadme. Yo también voy. Prefiero explorar que quedarme aquí con los fantasmas.

Mira a ESTELA con cierto remordimiento.

PAULA:	¿No os importa?
BREIXO:	No, vete. Si encontramos una forma de volver al pueblo, mejor.

ACTO II
ESCENA 2

ESTELA, BREIXO, ANDRÉS, DIEGO.
A lo largo de toda esta escena, aparecerán luces de vez en cuando iluminando una letra o una palabra en los relieves.

ESTELA: Parece que han conseguido salir. No se les oye...

BREIXO: Es buena señal.

Todos se quedan escuchando. No se oye nada. ESTELA vuelve a iluminar con su móvil los relieves de la cripta, pasea la luz de uno a otro.

ESTELA: Y pensar que esto ha estado aquí siempre... ¿Cómo puede ser que nadie lo supiera?

DIEGO: Bueno, tanto como nadie... En el pueblo siempre ha habido leyendas sobre el castillo en ruinas de Oniria, y sobre los condes enterrados en una ermita secreta.

ESTELA: Yo nunca había oído esas historias.

DIEGO: A mí mi abuela me las contaba de pequeño. Esa y la del paso secreto que abrieron en la montaña para escapar de un asedio. Y la de la condesa que, para escapar de una boda que no quería, huyó a las montañas y vivía con los osos...

ESTELA: Esa sí la había oído. Vaya locura.

BREIXO: Como historia, promete. Tenéis que contármela en detalle.

ANDRÉS: Podemos incluirla en el informe, Breixo. Quedaría muy bien. Es una manera de demostrar que los osos han estado aquí siempre, que forman parte del paisaje.

DIEGO: ¿Un informe de qué?

BREIXO: De la recuperación del oso pardo en la zona. Es en lo que trabajamos todo el grupo.

DIEGO: Ya. Sois los que queréis que paralicen las obras de la carretera y la estación de esquí por los osos. Antes los osos que las personas.

BREIXO: No es eso solo. Si te digo la verdad, no creo que una estación de esquí sea la mejor opción para vuestro pueblo. Con el cambio climático, seguramente nevará menos cada vez...

ESTELA: *(Riéndose).* Sí, sí. Lo estamos comprobando.

BREIXO: A ver, que nieve mucho y de una manera violenta no quiere decir que sea mentira lo del calentamiento global. El cambio climático no va a hacer que haga más calor en todas partes, pero sí que los fenómenos meteorológicos extremos sean más extremos que nunca.

ANDRÉS: Haced caso de este tío. Le dieron un premio el año pasado en el departamento de

	Ecología por una conferencia sobre esto. Es el *crack* de la promoción.
ESTELA:	¿De la promoción de qué?
ANDRÉS:	De Biología. Somos compañeros. ¿Tú qué estudias?
ESTELA:	Todavía estoy en segundo de Bachillerato. Y Diego igual. Llevamos siendo compañeros desde los tres años, ¿verdad, Diego?

DIEGO está mirando distraído las luces que iluminan de vez en cuando los relieves y tarda un momento en reaccionar.

DIEGO:	¿Qué?
ESTELA:	Tío, ¿qué te pasa? Decía que hemos sido compañeros toda la vida.
DIEGO:	Sí. Siempre en la misma clase.
ESTELA:	A ver, yo entiendo lo que decís de la estación de esquí, pero tenéis que pensar en la gente de aquí. Estos pueblos se mueren. Se morirán del todo si no hay trabajo. Ya veis este de Oniria. Lleva como cincuenta años abandonado, o más. Y el nuestro, Valdeteja, va por el mismo camino. Y eso que es el más grande de la zona.
BREIXO:	Pero las cosas pueden cambiar. Ahora con el teletrabajo mucha gente querrá irse de las ciudades. Yo creo que antes o después la gente volverá al campo. Al final, es calidad de vida...

ANDRÉS: Pero esto no es el campo, colega. Esto es el puñetero fin del mundo. Siendo sinceros, no creo que haya cola para venir, ni aunque regalen las casas o la tierra o lo que sea.

ESTELA: No sabes lo que dices. La montaña es el mejor sitio para vivir. No se puede comparar con nada. ¿A que es verdad, Diego?

De nuevo, DIEGO no contesta, distraído por las luces.

ESTELA:	¡Diego!
DIEGO:	¿Qué pasa?
ESTELA:	Eso digo yo. Estás en la inopia.
DIEGO:	No. Es que me ha parecido ver...
BREIXO:	¿Qué?
ANDRÉS:	No me lo digas. Otro fantasma.
DIEGO:	Muy gracioso. Te voy a partir la boca si te vuelves a meter conmigo.
BREIXO:	Venga, tíos. Nadie va a partirle la boca a nadie. Estamos todos en el mismo bando, ¿vale? Andrés, no seas bocazas y colabora un poco.
ANDRÉS:	Solo era una broma.
ESTELA:	Sí, dejadlo. Yo tengo ya bastante con lo que me duele la pierna.
BREIXO:	¿Va a peor?
ESTELA:	No. Ahora la tengo... Como dormida. Pero no sé. Estoy asustada.
BREIXO:	No lo pienses. Seguro que no es tanto como parece.

Se quedan callados. La linterna del móvil de ESTELA se pasea por los relieves.

ESTELA:	Es una maravilla. A lo mejor estoy soñando, pero esto sí podría atraer gente. Turistas. Es algo único. Mucho mejor que una estación de esquí...

Se le apaga la luz del móvil.

ESTELA:	Mierda. Me he quedado sin batería. ¿Qué era eso que estabas iluminando tú, Diego? Apunta ahí la linterna otra vez.
DIEGO:	Yo no estaba iluminando nada. Me quedé sin batería hace más de dos horas.
ESTELA:	Pero si yo te he visto iluminando unas letras...
DIEGO:	Sí. Algo las iluminaba. Pero no era yo.
ESTELA:	Entonces, ¿quién era?
ANDRÉS:	Joder, tíos, dejadlo ya. Siento la broma de antes, de verdad, pero dejadlo.
ESTELA:	¿Que dejemos qué?
ANDRÉS:	El jueguecito con las luces. Si queríais acojonarme, lo habéis conseguido. Ya está dicho, hala.
DIEGO:	Yo no he hecho nada, tío. He intentado decíroslo...
BREIXO:	Mirad. Ahí está otra vez.

Se ve una luz que ilumina brevemente una palabra en un friso sobre los capiteles de las columnas. Al mismo tiempo, se oyen voces en las escaleras.

ACTO II
ESCENA 3

Entran PAULA y CLARA.

PAULA: Buenas noticias. No está nevando y sabemos dónde estamos.

CLARA: Bueno, nosotras no, pero Lía y Fabián, sí.

PAULA: Dicen que estamos al sur del pueblo y eso es bueno. Ellos han ido a inspeccionar un camino que sube hacia el balneario, pero por ahí hay mucha nieve.

CLARA: Hacia abajo hay menos, pero el sendero está medio borrado. Y va derecho al pico Sarón. Por lo menos es lo que parece... Oye, ¿qué os pasa? Tenéis una cara...

ANDRÉS: O estos están jugando con las linternas, o el fantasma del balneario se ha venido con nosotros.

CLARA: No. Cecilia no ha venido. No puede ser eso. ¿Qué ha pasado?

ESTELA: *(Apunta hacia una luz que ilumina la pared en ese momento, una «V»).* Mirad...

Todos observan los juegos de luces durante unos segundos en medio de un profundo silencio.

PAULA:	A lo mejor es el reflejo del sol en la nieve que entra por alguna rendija.
BREIXO:	¿Y va cambiando de sitio cada vez? Como no haya una bola de espejos ahí fuera...
CLARA:	Además, está amaneciendo. Aún no hay tanta luz, ni siquiera ha terminado de salir el sol.
ESTELA:	Son letras. A veces se ilumina una letra, a veces una palabra entera. Es un mensaje.
DIEGO:	¿Alguien puede ir apuntando? Yo me he quedado sin batería...
PAULA:	Yo también, pero hay una cosa muy práctica que se llama lápiz, y otra que se llama cuaderno de campo... Voy a cogerlos, los tengo en la mochila.

PAULA va a por la mochila. La luz ilumina una «i».

BREIXO:	Antes era una «V», ahora una «i».
CLARA:	Es ella. La mujer de esa tumba.

Todos miran hacia la desgastada escultura de uno de los sepulcros.

ANDRÉS:	¿Cómo lo sabes? Ni siquiera se distingue si es un hombre o una mujer...
CLARA:	¿Y yo qué sé? Lo noto. Viene de ahí la luz. Mirad. Ahora es una «A».
PAULA:	Estoy apuntando. Una «V», una «i», una «A».

BREIXO:	Y ahora, la mitad de una palabra: «sub».
ESTELA:	¿Qué dice la palabra entera? La otra mitad no la veo...
PAULA:	*(Acercándose a la inscripción).* «Sublime». ¿Qué apunto, la palabra entera o lo que se ha iluminado?
DIEGO:	Apunta las dos cosas, por si acaso.

Esperan a que aparezca otra luz, pero tarda.

ESTELA:	¿Y eso es todo? ¿«Vía sub»?
ANDRÉS:	O «Vía sublime»... Vía significa camino.
CLARA:	Nos está ayudando. Nos está dando pistas. Un camino.
BREIXO:	¿Un camino sub... terráneo?
ESTELA:	¿Será otro pasadizo?
PAULA:	O a lo mejor nos está diciendo que volvamos por el pasadizo del balneario...
ANDRÉS:	Nos vuelven locos.
BREIXO:	Mirad. Ahí está otra vez.
DIEGO:	«Pe». Apunta, Paula. Y también la palabra entera. Mirad..., es «peregrinus».
PAULA:	«Vía sublime peregrinus». Suena bien, pero no tengo ni idea de lo que significa.
ESTELA:	No. Si ilumina solo una parte, hay que quedarse con esa parte. Vía sub pe.
ANDRÉS:	Eso no significa nada.
DIEGO:	Esperad. No ha acabado. Ahí está otra vez.
CLARA:	«Di». Y la palabra entera es... «Divinus».
BREIXO:	Otra vez. Ahora es una «b».
ESTELA:	¡Está en dos sitios! Mirad ahí. «Us».
ANDRÉS:	¿Se han iluminado a la vez las dos? Solo he visto la «b»...
CLARA:	La «b» se ha iluminado antes.
PAULA:	*(Leyendo el cuaderno).* «Vía sub pedibús»...
ANDRÉS:	No. Vía sub pédibus. Así es como se pronuncia. ¡Camino bajo los pies!
ESTELA:	¿Bajo los pies de quién? ¿Los nuestros?
BREIXO:	Lo que decíamos antes. Es un pasadizo bajo tierra. Ahora a ver cómo lo encontramos...

CLARA: Callaos. Mirad eso.

Una intensa luz ilumina por un momento un nombre entero en una inscripción bajo el sepulcro: «Iacobi». Después se apaga.

PAULA: Vía sub pedibus Iacobi... ¿Qué es Iacobi?
ANDRÉS: Quién, dirás. Iacobi es Jacobo. O Santiago. O Iago. O Diego. O Jaime... Todos esos nombres proceden de Iacobus.
PAULA: ¿Y tú cómo sabes eso?
ANDRÉS: Es cultura general...
BREIXO: Igual se refiere a uno de los que están enterrados en las tumbas. Bajo sus pies...
ESTELA: O a la escultura de un santo. De Santiago. Lo representaban mucho en las iglesias medievales.
PAULA: Ya, pero aquí hay como cincuenta santos distintos representados. ¿Cómo vamos a saber quién es Jacobo?

ACTO II
ESCENA 4

Se oye ruido en las escaleras. Aparecen LÍA y FABIÁN. Tienen algo de nieve sobre los anoraks.

FABIÁN: *(Se sacude la nieve).* Nos ha caído de una rama. Pero ahora no nieva.

LÍA: De momento. Por el norte se está poniendo otra vez oscuro.

FABIÁN: A lo mejor tendríamos que aprovechar antes de que empiece otra vez. ¿Intentamos bajar al pueblo? Estela, ¿cómo tienes la pierna?

ESTELA se levanta con el rostro iluminado. FABIÁN cree que lo está mirando a él, pero está mirando las esculturas de detrás.

ESTELA: ¡Ahí está! ¡Santiago!

FABIÁN: Estela, que soy yo, Fabián... ¡Está delirando! Pero ¿qué hacéis?

Todos se levantan y se precipitan hacia la escultura de Santiago justo detrás de FABIÁN, incluso ESTELA, a pesar de su cojera. LÍA y FABIÁN se quedan mirándolos sin entender nada. El grupo de chicos y chicas oculta la escultura.

ANDRÉS:	«Sub Pedibus Iacobi». Bajo los pies de San-tiago. Es esto. Mirad el grabado. Montañas...
ESTELA:	¡Es el pico Sarón! Se reconoce perfectamente. Y el otro, peña Dorada.
DIEGO:	Lo que es distinto es esa V entre los dos. ¡Es el paso de la montaña de la leyenda de mi abuela! Es eso. Ahí señala dónde está.

Se apartan todos del relieve. LÍA y FABIÁN se acercan a mirarlo.

| LÍA: | Es verdad. Parece un dibujo de las montañas. |
| FABIÁN: | Esa leyenda del paso la he oído yo también. Pero siempre me ha parecido una bobada. Si hubiese un paso en la montaña, hace |

	tiempo que lo habrían encontrado, ¿no? Además, ¿cómo iban a abrir un puerto en las rocas, con los medios que tenían entonces?
ANDRÉS:	En los Pirineos se abrieron un montón de pasos así en la Edad Media. A pico y pala. Y muchos se han perdido porque se dejaron de utilizar. A mí no me parece tan raro.
CLARA:	Si el fantasma de la mujer nos está señalando ese camino, es para que vayamos por ahí. Nos está intentando ayudar.
PAULA:	¿Cómo lo sabes? A lo mejor es un espíritu maligno y lo que quiere es que nos perdamos en la montaña y nos muramos todos...

Un estruendo y una especie de relámpago acoge sus palabras. Todos se callan un momento, sobrecogidos.

CLARA:	¿Lo ves? Se ha enfadado.
PAULA:	O a lo mejor me está dando la razón...

Nuevo estruendo y relámpago.

FABIÁN:	Va a ser mejor que te calles, Paula.
PAULA:	Pero es que... ¿Y si salimos y vamos hacia la montaña y no hay paso ni nada?
LÍA:	En el peor de los casos, siempre podemos dar la vuelta y subir otra vez al balneario.
ANDRÉS:	Y a lo mejor en el camino encontramos algún sitio con cobertura. Yo he conseguido recargar mi móvil con el cargador de la mochila...

BREIXO:	*(Mirando a Estela).* ¿Tú qué dices? ¿Podrías intentarlo? ¿Qué prefieres que hagamos? Eres la que está herida, tienes que decidirlo tú.
ESTELA:	Preferiría intentarlo. Me da miedo la mala pinta de la herida. Me da miedo esperar. Pero no quiero decidir yo sola. Prefiero que votemos.
BREIXO:	Bueno, pues vamos a votar. Los que estén a favor de intentar encontrar el paso, que levanten la mano.

Levantan la mano todos menos PAULA.

PAULA:	Vale. Si es lo que queréis todos... Pero estáis locos. Y además, Andrés, tú no crees en los fantasmas...

Todos se ponen a subirse cremalleras y colocarse gorros, guantes y mochilas.

ANDRÉS:	Eso ya me lo plantearé cuando lleguemos a un sitio civilizado. Yo de momento, lo que quiero es salir de aquí. Venga, vamos... No te preocupes, Paula. Todo va a salir bien.

FIN DEL ACTO II

ACTO III
ESCENA 1

Aparecen Breixo y Estela en medio de una violenta tormenta de nieve. Al fondo se distingue la silueta de un roble sobre un saliente de la montaña.

El Coro de la Nieve estará presente en toda la escena, recitando, improvisando, cantando, interviniendo con onomatopeyas o combinando todos estos elementos. Permanecerán en las posiciones que quieran, pero de espaldas a los espectadores.

ESTELA: No puedo. No puedo seguir.

BREIXO: Un poco más, Estela. Nos estamos quedando muy atrás. ¡Eh, tíos, esperad!

Se queda escuchando, pero solo se escucha el Coro de la Nieve.

BREIXO: Ni siquiera nos oyen. Levántate, Estela. Si te quedas aquí te vas a congelar. ¿Intento cogerte en brazos?

ESTELA: No digas bobadas. No darías ni dos pasos. Espera. Ayúdame a levantarme. ¡Ay! No puedo.

ESTELA busca a su alrededor, encuentra una piedra y se sienta en ella.

BREIXO: *(Impaciente).* Estela. Necesito que lo intentes.

ESTELA: Oye, no puedo, ¿vale? Sigue tú, date prisa y alcánzalos.

BREIXO: *(Dudando).* Sí, si me doy prisa y los alcanzo podemos volver todos a por ti. Igual ni se han dado cuenta de que no los seguimos.

ESTELA: *(Algo mordaz).* Igual.

BREIXO: *(Sin saber qué hacer).* ¿Tú qué crees que es lo mejor? ¿Intento ir a buscarlos?

ESTELA: Sí, vale. ¿Por qué no?

BREIXO: Vale. Vuelvo lo antes posible.

BREIXO se aleja con paso rápido entre la nieve, pero se detiene a mirar a ESTELA, dudando. Ella no lo mira, está encogida en su anorak, sentada en una piedra que ha limpiado de nieve. Después de una nueva vacilación, BREIXO continúa su camino y sale de escena.

ACTO III
ESCENA 2

ESTELA, fantasma de la CONDESA. El CORO DE LA NIEVE está presente todo el tiempo. La CONDESA está entre ellos, pero vestida de otra manera. Permanecen de espaldas a los espectadores.

ESTELA: Por favor, que vuelvan. Por favor...

La nieve ahoga sus palabras. ESTELA se pone de pie y da unos pasos. Se derrumba en el suelo.

ESTELA: Soy idiota. ¡Breixo! ¡Breixo, vuelve!

No obtiene respuesta. Solo se oye la nieve.

ESTELA: ¿Y ahora qué hago? Me voy a morir aquí.

ESTELA mira a su alrededor asustada, desorientada.

ESTELA: Si pudiera llegar hasta esas rocas... Estaría más al abrigo de la nieve...

Intenta ponerse en pie de nuevo, pero no lo consigue.

ESTELA: No puedo.

Llora en silencio. Mezclada con la canción de la nieve llega la voz del fantasma de la CONDESA.

CONDESA: No te rindas, niña. No estás sola.

ESTELA *levanta la cabeza y escucha. El murmullo del fantasma se confunde con la canción de la nieve. Menea la cabeza, se pasa la mano por la frente.*

ESTELA: No... Me estoy volviendo loca. No hay nadie, Estela. Es solo la nieve.

CONDESA: No, Estela, no estás sola. Somos muchas almas, muchos sueños, muchos fracasos y alegrías desde que los primeros hombres y mujeres llegaron a estas tierras. Las montañas siempre han sido refugio.

ESTELA: ¿Quién eres? ¿Eres Cecilia, la del balneario?

CONDESA: En otro tiempo fui una condesa. Lo tuve todo. Lo perdí todo. ¿Sabes para qué? Para ser libre. Estas montañas fueron mi libertad.

ESTELA: Estoy teniendo una alucinación. Esto no está pasando.

CONDESA: El paso está aquí al lado, niña. Mira el roble solitario al borde del precipicio. Siempre fue la señal. Las gentes lo reconocían en la distancia.

ESTELA: ¿Ese árbol?

CONDESA: Resiste. Camina. Lo tienes muy cerca.

ESTELA se pone en pie con mucha dificultad. Logra dar unos pasos, pero se derrumba de nuevo. Haciendo un enorme esfuerzo, consigue volver a levantarse. Avanza de nuevo unos pasos y vuelve a caer.

ESTELA: No puedo. Tengo muy mal la pierna. Si estás ahí de verdad, ayúdame. Condesa...

ESTELA escucha, pero solo oye la nieve. La tormenta ha arreciado y no ve nada a su alrededor.

ESTELA: Condesa... ¿Te has ido? ¡Vuelve! Condesa...

ESTELA pierde el conocimiento.

ACTO III
ESCENA 3

Llega Breixo. *Al ver a* Estela *tendida sobre la nieve, se precipita a ayudarla. El* Coro de la nieve, *que ha ido apaciguando sus sonidos mientras* Estela *permanece sola en escena, se calla cuando* Breixo *aparece.*

BREIXO: ¡Estela! ¡Despierta! Estela, no puedes dormirte. ¡Estela!

Estela *reacciona. Abre los ojos.* Breixo *la ayuda a incorporarse.*

ESTELA: Me he desmayado...
BREIXO: ¿Quieres agua? Tengo un poco de agua.

Breixo *saca de su mochila una botella de agua. Le da de beber a* Estela. *Esta se sienta del todo.* Breixo *la ayuda a apoyar la espalda en una roca.*

ESTELA: ¿Los has encontrado?
BREIXO: Me he dado la vuelta antes de alcanzarlos. Pensé que era una locura dejarte sola.
ESTELA: Menos mal. Me alegro.
BREIXO: Me quedaré aquí contigo hasta que pare un poco. Si pudiésemos llegar hasta esa pared

de roca... Estaríamos más abrigados. ¿Quieres intentarlo?

ESTELA: No. En esa dirección no. Tenemos que ir hacia ese árbol que parece colgado en la montaña. ¿Lo ves? Es un roble.

BREIXO: ¿Hacia allí? Pero ahí no hay nada más que un precipicio...

ESTELA:	El paso que estamos buscando... Está ahí. Se ve al llegar al árbol.
BREIXO:	¿Cómo lo sabes?
ESTELA:	Me lo ha dicho la montaña.
BREIXO:	Estela, no es momento para bromas.
ESTELA:	¿Crees que yo estoy para bromas? No sé, no sé quién me lo ha dicho. Una voz. La condesa de la que habló Diego. No me mires así, sé que todo es una locura.
BREIXO:	Todo ha sido una locura desde el principio.
ESTELA:	A lo mejor ha sido todo el tiempo la nieve. En el balneario, y luego en la cripta. Todo: las voces, las luces...
BREIXO:	No sé. Sí, puede ser. Yo ya no sé nada.

Se quedan los dos escuchando el sonido de la nieve, ahora más calmado.

ESTELA:	Pero ¿me crees?
BREIXO:	Sí, te creo.
ESTELA:	Pues entonces, vamos. Si me ayudas, puedo llegar.
BREIXO:	Vamos.

Con muchas dificultades, los dos avanzan hasta desaparecer por el rincón del escenario donde han señalado el árbol.

ACTO III

ESCENA 4

CLARA, PAULA, DIEGO, ANDRÉS, LÍA y FABIÁN entran en el escenario. Caminan con dificultad, como luchando contra la nieve.

FABIÁN: No puede ser. Hemos vuelto por el mismo camino, no nos hemos desviado ni un milímetro. Ya tendríamos que haberlos encontrado.

ANDRÉS: A lo mejor se han metido entre las rocas. ¡Breixo! ¡Estela!

Todos se ponen a llamar a los desaparecidos.

TODOS: ¡Breixo! ¡Estela!

Repiten la llamada una y otra vez, deteniéndose de vez en cuando a escuchar. Solo se oye el CORO DE LA NIEVE.

PAULA: Les ha pasado algo malo. Si no, contestarían.

DIEGO: No digas eso. Nos hemos perdido y nada más.

PAULA: Se han caído o algo. Aquí, si te descuidas, un paso en falso...

ANDRÉS:	Si es que somos idiotas. ¿Cómo no nos hemos dado cuenta ninguno de que no venían?
PAULA:	Pues por tu culpa principalmente. Tú y Fabián cogisteis una marcha... Yo casi no podía seguiros.
FABIÁN:	O sea, que la culpa es nuestra.
LÍA:	Parad. No es culpa de nadie. Lo que hay que hacer es buscar soluciones. ¿A alguien le queda batería?
ANDRÉS:	A mí.
LÍA:	Mira a ver si tienes cobertura. Por probar no perdemos nada. Solo con poder mandar un mensaje, sería suficiente.
ANDRÉS:	No. Nada. Nada de cobertura.

CLARA comienza a caminar hacia el árbol.

FABIÁN:	Clara, ¿qué haces?

CLARA se vuelve y habla como si estuviera sonámbula.

CLARA:	Es por aquí.
ANDRÉS:	¿Por dónde?
CLARA:	Por ahí. Hacia ese árbol.
LÍA:	¿Cómo lo sabes?
CLARA:	Lo ha dicho la voz.
ANDRÉS:	Como una cabra. Está como una cabra. Yo no pienso ir detrás de esa pirada...

LÍA:	Oye. Ya está bien. Aquí nadie está loco. No te metas con ella.
FABIÁN:	¿En serio, Lía? Tú eres la persona más equilibrada que conozco. No me vas a decir...
LÍA:	¿Qué? ¿Después de todo lo que nos ha pasado, de verdad la vais a llamar loca por haber oído una voz? Mira, yo la creo. ¡Espera, Clara!

Lía camina resuelta hacia Clara. Paula y Diego la siguen. Los otros dos chicos se miran sin saber muy bien qué hacer.

| FABIÁN: | La verdad es que tiene razón. Yo voy con ellas. |

Fabián echa a andar hacia las chicas. Andrés resopla.

| ANDRÉS: | Nos hemos vuelto todos locos. |

Camina hacia los demás, y todos desaparecen por el rincón del escenario donde se encuentra el árbol.

ACTO III
ESCENA 5

En el paso de la montaña. No hace falta cambiar el escenario, basta con que cambien de lugar los actores que representan el Coro de la Nieve. *El árbol sí debe desaparecer o verse desde otra perspectiva. El rumor de la nieve va acallándose poco a poco a medida que transcurre la escena. Los actores y actrices que integran el* Coro de la Nieve *se quedan mudos.*

Entran Breixo *y* Estela. Estela *apoya todo su cuerpo en* Breixo *para avanzar, pero, aun así, la molestia de la herida se ha vuelto insoportable.*

ESTELA: No puedo seguir. Lo siento, Breixo.

BREIXO: No te preocupes. Hacemos un descanso. Hemos avanzado bastante. Yo creo que el punto más alto del paso está ahí mismo.

ESTELA: ¿Por qué no te acercas a mirar? A lo mejor se ve Valdeteja.

Breixo se aleja hacia un rincón del escenario. De espaldas al espectador, otea el horizonte. Estela *yergue la cabeza y pone cara de estar escuchando muy atenta.*

Breixo regresa sobre sus pasos para reunirse con Estela.

BREIXO:	En la parte baja del valle hay niebla. Y no conozco tanto esta zona como para estar seguro..., pero yo creo que es el valle de Valdeteja. ¿Qué estabas escuchando?
ESTELA:	Nada. Ya no se oye nada. No sé. Parece que los fantasmas se han ido con la nieve.
BREIXO:	¡Lo dices con pena!
ESTELA:	Puede. No sé si eran fantasmas o era la nieve misma la que nos hablaba con sus voces. Como... con voces de gente de otra época.
BREIXO:	No entiendo qué quieres decir.
ESTELA:	Pues eso... Que esas voces que hemos oído eran las de la montaña, las de la nieve... Las de nuestros antepasados... A lo mejor estaban dentro de nosotros desde siempre. Pero nunca las habíamos oído porque nunca les prestamos atención.
BREIXO:	Eso me suena muy poético y poco científico.
ESTELA:	¿Y eso es malo?
BREIXO:	*(Encogiéndose de hombros).* Un poco. Lo que me gusta de la ciencia es que se puede entender siempre si le dedicas esfuerzo. La poesía es más como un fogonazo, ¿no? Un poema... O conectas con lo que dice o no te dice nada.
ESTELA:	Es un poco como con las personas.
BREIXO:	Sí.

Se miran en silencio. Algo cambia mientras se miran, se vuelven conscientes de que un sentimiento de intimidad ha nacido entre ellos.

ESTELA: A mí me gusta tu poema.

BREIXO: Y a mí el tuyo. Aunque no lo entienda del todo...

Se oyen voces y pasos que se acercan. ESTELA y BREIXO interrumpen la conversación.

ACTO III
ESCENA 6

Entran en el escenario CLARA y FABIÁN.

FABIÁN: ¡Estáis aquí! ¡Menos mal!

CLARA: *(A DIEGO y LÍA).* ¡Chicos! ¡Están aquí!

FABIÁN y BREIXO se abrazan. FABIÁN se arrodilla junto a ESTELA y también la abraza. Llegan DIEGO y LÍA.

FABIÁN: ¿Qué tal, Estelita?

ESTELA: No me llames así, como cuando íbamos a Infantil.

FABIÁN: Ya veo que de muy buen humor no estás. Es por la pierna, ¿no? ¿O es porque hemos interrumpido algo?

ESTELA: ¿Interrumpir qué? No seas idiota.

LÍA: Los otros se han quedado atrás mirando unas huellas. Andrés dice que son de oso, pero yo creo que no. Está haciéndoles fotos.

BREIXO: Al final, hasta vamos a cumplir «la misión».

DIEGO: ¿Cuál es la misión? ¿Salvar al oso pardo?

BREIXO: Sí, supongo. Salvar al oso pardo, salvar el ecosistema, todo esto...

CLARA: Todo esto que nos ha salvado a nosotros.

BREIXO:	Hablas igual que Estela. ¿También habéis oído...?
CLARA:	Sí. Yo sí lo he oído.
DIEGO:	Por eso nos ha guiado hasta aquí.
ESTELA:	Es raro. Debería darnos miedo, ¿no? Como en las películas.
CLARA:	No. Esto es diferente. Yo lo he sentido como algo que estaba ahí, que formaba parte de la nieve, del paisaje.
FABIÁN:	Pero en el balneario, la tal Cecilia no era parte del paisaje precisamente...
DIEGO:	Y las luces de la cripta...
ESTELA:	No sé. Para mí era todo parte de lo mismo. Eran voces del mismo coro. Del coro de la nieve, de la montaña...
DIEGO:	Bueno, pues ahora las voces se han callado y yo me alegro, la verdad. Ya era hora de que dejase de nevar.

Entran ANDRÉS y PAULA. PAULA corre a abrazar a ESTELA.

PAULA:	Qué alegría que estéis bien.
BREIXO:	Así que había osos al final.
ANDRÉS:	Seguro, tío. Ahora te enseño las fotos de las huellas, tú eres el especialista. Pero había algo todavía mejor...
FABIÁN:	¡Un oso de verdad!
ANDRÉS:	No, mucho mejor. ¡Había cobertura! He dejado mensajes a todo el mundo. Ya estarán

	avisando a vuestro pueblo. He contado lo de Estela. Por si tienen que pedir una ambulancia para llevarla al hospital, me imagino que en Valdeteja solo habrá un centro de salud.
DIEGO:	De todas formas, debemos de estar muy cerca ya del pueblo.
BREIXO:	Yo creo que está ahí abajo, a la vuelta de esa curva. Me asomé antes a mirar, pero había niebla...
FABIÁN:	Vamos a asomarnos a ver si se ha despejado.

FABIÁN, ANDRÉS y PAULA van los primeros. Se les ve de espaldas contemplando el valle. Todos gritan a la vez.

PAULA:	Está ahí. ¡Se ve vuestro pueblo!
FABIÁN:	¡Pero si estamos muy cerca! En media hora estamos allí.
ANDRÉS:	¡Venid a ver!

BREIXO y DIEGO se unen al grupo. Se quedan en primer plano ESTELA y LÍA.

| BREIXO: | La verdad es que es precioso vuestro pueblo. |
| DIEGO: | Sí. Sí que lo es. |

Los que están mirando siguen comentando, abrazándose. Empiezan a llamar a los móviles, a hablar con sus familias. En primer plano, LÍA y ESTELA conversan.

LÍA:	Ellos tienen razón. No podemos dejar que se carguen el valle.
ESTELA:	Ya lo sé. Y no dejaremos que pase. Ni carretera, ni estación de esquí.
LÍA:	A nuestros padres no les va a gustar.
ESTELA:	El pueblo no es solo de ellos. Están decidiendo sobre el futuro de todo esto...
LÍA:	Los convenceremos.

BREIXO regresa sobre sus pasos con DIEGO. Los dos sonríen.

BREIXO:	¿Quieres intentar llegar hasta allí, Estela? El camino es fácil a partir de la curva, es todo bajada. A lo mejor, entre dos podemos llevarte a la silla de la reina...
DIEGO:	Sí. Seguro que podemos.

ESTELA se pone en pie con ayuda de LÍA y BREIXO.

ESTELA:	Hasta la curva puedo llegar yo sola. Y a partir de ahí, vamos viendo.

ESTELA, BREIXO, LÍA y DIEGO van hacia el fondo del escenario, los otros ya han comenzado a descender (es decir, salen de escena). Los cuatro últimos se quedan inmóviles un momento contemplando el pueblo.

ESTELA:	Después de todo lo que nos ha pasado, ahora lo veo distinto.

BREIXO: Y yo. Lo veo un poco como mi pueblo. No os lo toméis a mal...

DIEGO: No sé, no sé si os vamos a aceptar como hijos adoptivos.

Se ríen, siguen haciendo comentarios. También se oyen las voces de los que ya han salido del escenario.

BREIXO: ¿Lo intentamos, Estela?

ESTELA: Venga.

Salen del escenario DIEGO y LÍA. ESTELA duda un momento antes de salir. Mira para atrás con nostalgia, hacia los espectadores. Después, apoyándose en BREIXO, sale.
Se queda todo en silencio. Los actores y actrices del CORO DE LA NIEVE, que estaban de espaldas al público, se dan todos la vuelta a la vez. Los focos iluminan de lleno sus caras. Todos levantan los brazos hacia el cielo y sonríen.

FIN

Textos del Coro de la Nieve

Estos textos son solo ideas, frases poéticas para intercalar con onomatopeyas, una canción murmurada y otros sonidos que emitirá el coro de la nieve. Los integrantes del coro no tienen por qué cantar o recitar al unísono. Pueden contestarse unos a otros. A veces, sobre el fondo de una canción murmurada, puede oírse un verso, o una palabra suelta repetida. Se pueden usar estos textos u otros inventados por los intérpretes o improvisados.

Las frases del texto siguiente se pueden utilizar a conveniencia. Se pueden elegir solo algunas y repetirlas tantas veces como se quiera, cambiarlas de orden... Es un texto para jugar e inspirar, creando a partir de él.

Solo es nieve, nieve, nieve, nieve, nieve.
Todo blancura, blancura, blancura, blancura...

Calla. La nieve atrapa todos los sonidos, encierra en su prisión de cristal el canto de los pájaros, el crujido de la rama seca bajo la pata veloz del ciervo joven, el recuerdo del chirrido de los grillos, la memoria de todos los veranos.
Calla, la nieve atrapa todos los ecos de las voces, ahoga las voces de todos los que gritan, de los que con sus gritos hieren la soledad de la montaña.

Gritos que salen de las gargantas, de las pantallas, de las mentes, de los sueños sin luz, de las ciudades que proyectan sobre el mundo sus redes invisibles.

Gritos de la codicia, de la sed de progreso, avanzar, avanzar arrasándolo todo, gritos, gritos con forma de máquinas pesadas, apisonadoras, excavadoras para abrir la tierra, romper las rocas, ¡duele!

Callad, callad, quieren romperlo todo, arrasar, hacer pistas, pero no pueden, no les dejaremos.

Somos nieve, nieve, nieve, nieve, nieve...
Todo blancura, blancura, blancura, blancura...
Ahogando su ambición.
Arropando la desnudez de la montaña.
Arropando el pasado.
Protegiendo los pasos rápidos de los animales que se esconden arrinconados en los límites del mundo, cada vez más solos, más perdidos.
Como juguetes viejos de otra época.
Restos de un mundo que desaparece.
Que ha desaparecido.

Pero sus gritos de codicia no pueden disolver la montaña.
Está aquí. Estamos siempre aquí.
Cuando no la miráis, está aquí.
Cuando no la dañáis, está aquí.
Sigue aquí en las noches de invierno, abandonada.
Las ruinas de las casas de otro tiempo como joyas que adornan su silueta negra bajo las estrellas.
Recuerdos.

La nieve no habla solo de la nieve,
sino de todas las historias que se tragó el silencio de los años.
Historias que nadie quiso contar.

¿Cuántas, cuántas vidas hundieron sus secretos en la montaña? ¿Cuántas gentes vinieron en busca de refugio?
¿Cuántos hundieron en estas tierras sus raíces?
¿Y qué vientos extraños de violencia y futuro
los arrancaron, los arrastraron hacia el mundo otra vez?
Entonces los perdimos.

Pero nos quedan las ruinas de sus sueños.
Ventanas rotas, telas desvaídas,
muebles que se deshacen al mirarlos,
velas casi gastadas,
restos casi invisibles de pintura en el rostro de un ángel,
el rojo desgastado en la frente de piedra de un demonio sin
nombre.

Eso también está en nuestro silencio
cuando nuestro silencio despierta y se vuelve tormenta de
rumores y os llena los oídos
y os sentís atrapados o quizá por primera vez libres.
Las montañas han sido siempre libertad.
La nieve es su canción secreta.

La nieve es la canción secreta
de la montaña. Hablamos el lenguaje de las piedras,
contamos los secretos de los siglos,
desciframos las palabras nunca dichas de la roca, del árbol,

las palabras ligeras de los pájaros,
sus ritos
incomprensibles,
la memoria de los chirridos de cigarras,
del zumbido de abejas,
flores,
solo son un recuerdo en la memoria,
ahora que toda la savia de la tierra parece congelada
en los tallos dormidos,
y el corazón del bosque late tan despacio
que podría creerse que está muerto,
pero llegará el tiempo en que los días
duren más que las noches,
y volverán a devorar el sol
los brotes verdes
para hacer olvidar nuestro recuerdo.

El recuerdo
lejano de la nieve.
Del viento y de la nieve
en el invierno,
cristales todos diferentes,
estrellas que al final se vuelven líquidas.
Cristales con mil formas geométricas,
cada copo un encaje de formas que nunca se repiten,
nieve, nieve, nieve, nieve, nieve.
Blancura, blancura, blancura.

Leer teatro

Los textos dramáticos, como *Nieve,* están escritos, en principio, para ser interpretados de manera teatral, pero también se pueden leer de manera individual. Eso sí, a la hora de leer teatro, conviene tener en cuenta algunas pautas especiales:

▶ Tendrás que **imaginar** más: En las novelas contamos con numerosas descripciones que nos permiten imaginar el aspecto de los personajes, los lugares y cada detalle de la acción. En los textos dramáticos, solo contamos con los diálogos y las acotaciones para imaginarnos todo lo que ocurre. Eso significa que tu imaginación tendrá que añadir todos esos detalles visuales y sensoriales que no aparecen en el texto mismo.

▶ Necesitarás «**interpretar**» lo que pasa: En los textos narrativos, a menudo se nos explican las intenciones de los personajes cuando dicen o hacen algo, así como lo que están sintiendo o pensando. Todo esto no aparece en los textos dramáticos. Tendrás que deducirlo a partir de los diálogos y de las acotaciones.

▶ Diferencia bien los **personajes:** Al leer una obra de teatro, cada intervención de un personaje va precedida por el nombre de este. Pero, si no haces un esfuerzo previo por imaginarte a cada personaje con un aspecto determinado, para ti serán solo eso, nombres... Antes de empezar a leer, repasa los personajes del reparto, interioriza una imagen para cada uno, un estilo de movimiento, una voz… Eso te ayudará a diferenciarlos.

▶ Monta tú la **escena:** Un texto dramático no está pensado para que el lector se sumerja en él como en una película. Es una herramienta pensada para poder representar el texto con unos pocos elementos escenográficos. Por eso, nunca van a ser textos «realistas». Tu misión como lector es sobreponerte al artificio teatral y ser capaz de visualizar lo que se está contando.

De la lectura a la interpretación

El teatro leído

Una manera muy eficaz de leer teatro es hacerlo en voz alta y en grupo, de manera que cada personaje es interpretado siempre por el mismo lector o lectora.

Puede haber un lector que lea en voz alta las acotaciones (textos en cursiva que dan indicaciones para la representación), pero también se puede omitir su lectura y utilizarlos como lo que son, herramientas que nos ayudan a dar expresividad y entender el contexto.

Un truco práctico para conseguir un buen ritmo de lectura es utilizar una pelota de tenis y lanzársela al siguiente lector cuando el que está leyendo termina su parte.

Luces y carteles

Con un poco de esfuerzo e imaginación, podemos convertir una sesión de teatro leído en un verdadero espectáculo. Para ello, se pueden usar linternas que realcen en cada momento al lector que tiene la palabra, dejando a los demás en penumbra. También se pueden usar carteles con los nombres de los personajes, cadenas de bombillas iluminadas como en un camerino, espejos, u otros recursos que permitan identificar qué personaje está hablando en cada momento.

La función del director o directora

Para pasar de la lectura en voz alta de una obra a representarla de manera teatral, hace falta una persona que tome las decisiones sobre la puesta en escena, el reparto de los papeles, los ensayos, el ritmo, la ambientación... Esa persona es el director o directora de la obra.

En las compañías profesionales, además del director de escena puede haber otros técnicos que le ayudan a desempeñar su función, como el director de *casting*, el director de actores, el escenógrafo, etc.

Las funciones principales del director son:

Repartir los papeles

Es quien mejor conoce a los actores y deberá repartir los papeles de manera que se aproveche al máximo el potencial de cada uno.

Colocar en el espacio a los personajes en cada escena

Es importante que el público pueda ver y oír a todos los personajes, y jugar con diferentes alturas para que no todos aparezcan al mismo nivel. Unos pueden estar de pie, otros sentados, en el suelo, etc.

Ponerse en el lugar del espectador

Debe asegurarse de que las acciones y el espacio de la escena tengan sentido para el espectador. También es importante que vigile el ritmo de la obra.

Coordinar el equipo

Todos los que participen en la obra de teatro deben tener claro su objetivo en cada momento de la obra, y es tarea del director coordinarlos.

Dirigir los ensayos

Organizar a un grupo de personas es complicado, sobre todo cuanto más numeroso es. Será necesaria la labor del director para avanzar en los ensayos.

Ayudar a los actores a mejorar la calidad de su interpretación

Todos los actores agradecen los buenos consejos, y más aún si no tienen mucha experiencia haciendo teatro.

El reparto y los papeles

El momento del reparto es uno de los más delicados a la hora de poner en escena una obra teatral. A menudo tendemos a pensar que los papeles más largos son los más importantes, y restamos valor a las interpretaciones más breves. Para evitar malestares y comparaciones injustas a la hora de realizar el reparto, es conveniente recordar lo siguiente:

1. Un montaje teatral es una labor de equipo. No se trata de brillar individualmente, sino de contribuir al resultado global sin restar protagonismo a los demás.

2. Ningún papel es secundario si se le da la importancia que merece.

3. Cuando el reparto de una obra no se adapta al número de actores y actrices con los que contamos, podemos sentirnos libres para hacer adaptaciones. Por ejemplo:

   - Desdoblar un personaje en dos o más.
   - Unir dos personajes en uno.
   - Cambiar el género de un personaje.
   - Convertir un personaje individual en un personaje coral.
   - Crear algún personaje extra que no figure en el texto.

El papel

El papel de un actor es el fragmento de la obra que él tiene que interpretar, más el final del texto que dice el actor o actriz anterior y que da pie a su intervención.

Construir tu personaje

Una vez que ya sabes qué personaje vas a interpretar, es hora de empezar a construir tu interpretación. Para ello, primero debes leer varias veces tu papel asegurándote de que entiendes no solo lo que significa el texto, sino la intención que tiene en cada momento. En una escena determinada, te puedes plantear, por ejemplo, cómo se siente el personaje, cómo quiere influir en los demás (convenciéndolos, engañándolos, amenazándolos), qué detalles ignora de lo que les pasa a los otros personajes, etc.

Ejercicios para mejorar tu personaje

Además de aprenderte tu papel en la obra, es conveniente que te imagines cómo actuaría tu personaje en distintas situaciones e incluso que lo representes improvisando delante de tus compañeros. Estas son algunas de las situaciones que te puedes plantear:

- Tu personaje se despierta tarde por la mañana.
- Tu personaje abre una puerta y se encuentra con una fiesta sorpresa para él.
- Tu personaje nota algo que le da miedo en plena calle.
- Tu personaje recuerda un momento impactante de su vida.
- Tu personaje conoce a otros personajes de la obra.
- Tu personaje intenta convencer al público de que es real.

La importancia del coro

Un recurso muy útil a la hora de poner en escena una obra teatral es introducir uno o varios personajes que actúen a la vez, como un coro.

En el **teatro clásico griego,** el coro representaba normalmente al pueblo y sus reacciones frente a lo que les ocurría a los personajes, pero nosotros podemos darle en nuestra obra la función que queramos.

La **ventaja** de introducir un coro en la obra es que podemos incluir en él a todos los actores y actrices que no tienen un papel individual, logrando efectos de gran impacto y dramatismo a través de la acción colectiva.

Formar parte del coro no es tarea fácil. Hay que aprender a observar y escuchar a los otros miembros para **coordinarse** con ellos. Una forma de conseguirlo es poner a todo el coro frente a un espejo y hacer que vayan siguiendo cada vez la iniciativa de uno de los participantes.

El coro puede pronunciar textos o intervenir a través de **sonidos y movimientos** en la escena. Incluso puede utilizar la expresión corporal para delimitar los espacios de la escena, convirtiéndose en el verdadero decorado de la obra.

Aprenderse el papel

Una vez que conocemos bien a nuestro personaje y su texto en la obra, llega el momento de aprenderse el papel. Para ello necesitamos estudiarlo, pero no como estudiaríamos un contenido para un examen.

Los textos teatrales se deben estudiar siempre de pie y gesticulando. Si los estudiamos sentados y sin añadir gestualidad, tendremos más dificultades para memorizarlos. Además, nos costará más trabajo interpretarlos luego en escena.

También es importante estudiar los textos con otra persona que te dé la réplica de los otros personajes. Si puede ser el mismo actor o actriz que te dará la réplica en la obra, todavía mejor.

Por último, estudia cada fragmento del texto teniendo en cuenta cuál es la intención de tu personaje en ese momento: qué quiere comunicar, qué quiere ocultar, cuál es su estado de ánimo... Eso te ayudará mucho a la hora de realizar tu interpretación.

Los primeros ensayos

Los primeros ensayos de la obra después de aprender el papel nos servirán para situarnos en la escena e interiorizar la colocación del personaje.

Recuerda que estás actuando para un **público.** No te centres solo en los otros personajes de la obra, tienes que ser consciente en todo momento del lugar que ocupan los espectadores. Necesitas que estos te vean y te oigan. Para ello, es importante que vocalices bien y que tus gestos sean lo bastante amplios como para ser captados a distancia.

A la hora de aprenderte tu papel, es necesario que recuerdes cada detalle del **espacio escénico** por el que te mueves. Sigue las recomendaciones de tu director o directora, y, si no entiendes el porqué de un gesto o un movimiento, pregúntaselo. Cuanto mejor sea tu comprensión de lo que haces en escena, mejor lo harás.

Otro problema que nos solemos encontrar cuando empezamos a actuar es que minimizamos los **gestos** por vergüenza o sentido del ridículo. Para vencer la timidez en este sentido, resulta útil trabajar con una escala de dramatismo del 1 al 10, siendo el 1 la gestualidad mínima y el 10 la más exagerada. Así, cuando el director o directora nos pidan por ejemplo pasar de una escala cuatro a una escala ocho, sabremos que tenemos que intensificar nuestra interpretación.

¿Qué pasa si me equivoco?

Los textos teatrales pueden ser muy largos, y es normal que, al interpretarlos de memoria, olvidemos algún fragmento o cometamos errores.

En esos casos, lo que no debemos hacer nunca es pararnos y volver al principio del texto. Esto rompe por completo la atmósfera teatral y saca al espectador de la obra.

En caso de que nos equivoquemos, es preferible improvisar una salida y continuar como podamos hasta llegar al siguiente pasaje.

También debemos recordar que la representación es una labor de equipo. Si alguien se equivoca, los demás deben contar con recursos para salir en su ayuda y cubrir el error de manera que el espectador lo note lo menos posible.

La figura del apuntador

En el teatro profesional solía existir la figura del apuntador, una persona que se situaba cerca de los actores pero oculta al público y que les susurraba el texto cuando lo olvidaban. En el teatro escolar, la figura del apuntador suele resultar una distracción para los actores. Es preferible prescindir de ella y aprender a solucionar los errores u olvidos mediante la improvisación.

Creando la escenografía

La escenografía de la obra es el conjunto de elementos que nos permiten representar el espacio donde se sitúa la acción. Puede incluir desde un decorado más o menos sofisticado hasta efectos de luz y sonido, vestuario, etc.

En el teatro tradicional, normalmente cada acto estaba ambientado en un espacio distinto y requería un cambio de escenografía.

Actualmente, la tendencia es a simplificar al máximo los elementos de la escena. Por ejemplo, para representar a un guerrero no necesitamos un disfraz completo, nos puede bastar un objeto como una espada. Tampoco hace falta crear decorados realistas para recrear cada lugar de la obra. Podemos representar una montaña con una pila de cajas de cartón, un palacio con una guirnalda de bombillas doradas, una cueva mediante juegos de luces y sombras...

Por último, también podemos jugar con los personajes del coro para cambiar los elementos de la escena.

La recta final

Cuando nos acerquemos al día de la representación, será conveniente grabar algunos de los ensayos y visionarlos luego para detectar posibilidades de mejora.

También es necesario programar al menos dos ensayos generales en el lugar donde finalmente vamos a representar la obra y con todos los elementos de vestuario, decorado y atrezo que utilizaremos en la representación final.

Durante los ensayos generales, es muy importante no hacer pausas, no perder el ritmo de la representación aunque se cometan errores, no repetir escenas y no fragmentar la representación.

También es muy conveniente que alguno de los ensayos generales se realice con público para ir perdiendo el miedo escénico. Así sabremos cómo reaccionan los espectadores y estaremos más preparados para el gran momento del estreno.